Frauen auf Reisen

Frauen auf Reisen

Mit einem Text von
Tania Schlie

THIELE  VERLAG

Alles
beginnt
mit der
Sehnsucht.

NELLY SACHS

Wenn ich reise,
lasse ich Grenzen
hinter mir.
Auch die eigenen.

TANIA SCHLIE

I. KLASS.

TANIA SCHLIE

Frauen auf Reisen

Ach, verreisen! Wie schön ist das. Aber was genau ist eine Reise? Wo beginnt sie? Schon bei den Vorbereitungen? Beim Koffer packen? Auf dem Weg zum Flughafen oder zum Bahnhof? Wie weit muss das Ziel entfernt sein? Wie lange muss eine Reise dauern?

Für mich beginnt das Reisevergnügen
schon, wenn ich den Reiseteil in der Zeitung lese, dann fange ich an zu träumen,
wo ich überall hinwill. Die Berichte über
die schönsten Ziele reiße ich mir heraus.
Sie kommen in einen Ordner, in dem ich
schon seit Jahren Lieblingsdestinationen
sammle: Wandern in Georgien oder Palä-
stina, Schimpansen in Uganda, besondere
Hotels in Berlin, Ferienhäuser auf Rügen.
Und immer wieder Paris. In diesem Ordner
finde ich beim Blättern auch Buchungen
für frühere Reisen, und ich gerate sofort
ins Schwärmen. Zwei Sehnsuchtsziele
tauchen immer wieder auf: einmal mit der

Transsibirischen Eisenbahn fahren und Elefanten in Botswana sehen.

Immer dieses ständige Fernweh!

Als ich ein Kind war, fuhren wir nicht in den Urlaub. Die Ferien verbrachte ich bei meinen Großeltern. Das war schön. Wenn die anderen nach den Sommerferien von Reisen nach Italien oder Spanien berichteten, konnte ich mir darunter nichts vorstellen. In anderen Ländern sollte es anders sein? Was denn genau?

Das erste Mal ins Ausland fuhr ich mit meinem Freund, ich war achtzehn. Jugoslawien hieß das Land damals noch. Ein Jahr später ging es zum Zelten nach Frankreich. Ich weiß noch, wie aufgeregt ich war, als ich die Grenze passierte. Endlich konnte ich meine Französischkenntnisse anwenden und überprüfen. Zum ersten Mal geflogen bin ich mit fünfundzwanzig. Es ging mit einer Freundin in die USA, ich habe ihr beim Start vor lauter Angst den Unterarm zerkratzt. Lange habe ich gebraucht, bis ich eine routinierte Reisende geworden bin.

Es folgten viele Auslandsreisen, nach Costa Rica, Mexico, Thailand, Marokko,

The SummerTime
RIVIERA

Südafrika, Tansania ... Von ihnen sind ein ganzer Schatz an Erlebnissen und Geschichten geblieben, Erinnerungen an ganz besondere Momente, an schöne und weniger schöne. Ich denke gern an ein Bad in einem mexikanischen Wasserfall zurück oder an die Begegnung mit einem kleinen Elefanten, der mit seinem Rüssel an meinem Kleid zog. Weniger gern an einen Mann, der uns verfolgt hat, an unerträglich heiße, fensterlose und mückenverseuchte Hotelzimmer. Einmal lief in Andalusien im Hochsommer die Heizung auf Hochtouren und ließ sich nicht abschalten, aber das Fenster konnten wir auch nicht öffnen, weil das Zimmer

über einer von Last-
wagen frequentierten
Tankstelle lag, wo die
Benzinschwaden in
unser Zimmer wehten.

Reisen ist nicht
immer schön, manch-
mal anstrengend und
unangenehm. Den-
noch würde ich des-
halb niemals zu Hause
bleiben. Ich brauche
diese Erfahrungen,
gute oder schlechte.

Die einzige Möglichkeit,

etwas vom Leben zu haben,

ist, sich mit aller Macht

hineinzustürzen.

ANGELINA JOLIE

Es liegt eine Art Magie
über dem Fortgehen,
um dann völlig verändert
zurückzukehren.

KATE DOUGLAS WIGGIN

Der schönste Platz ist nicht zu Hause

Warum reisen wir? Was bringt uns das Reisen?

Reisen heißt für mich, den Geist fliegen zu lassen, mir etwas zuzutrauen, Wege zu gehen, die ich sonst nicht gehe. Ich meine das durchaus im wörtlichen Sinne. Auf Reisen traue ich mir steile Wege und Abstiege zu, für die ich zu Hause nicht den Mut finde. Reisen heißt, dass wir ausgetretene Pfade verlassen, buchstäblich, aber auch im übertragenen Sinne. Wir nehmen einen anderen Tagesrhythmus ein, sind weniger gehetzt, finden zu uns. Was mich zu Hause auf die Palme bringt, darüber kann ich im Urlaub locker hinwegsehen. Im besten Fall kehren wir als eine andere nach Hause zurück.

Auf Reisen gehe ich umstandsloser auf andere Menschen zu, die mit mir ein Erlebnis teilen. Ich will wissen, wo sie herkommen, was sie hier suchen. Ich lerne andere Lebensweisen kennen. Oft erkenne ich, wie privilegiert ich bin. Ich versuche, nicht neugierig zu sein, sondern offen.

Wenn ich reise, bin ich eine andere – toleranter, mutiger, und, wie ich befürchte, auch liebenswerter. Ich gehe ungezwungener

auf andere Menschen zu, auch wenn sie anders sind, anders aussehen, sich anders kleiden oder wohnen. Es stimmt, dass Reisen bildet und Vorurteile abbaut.

Auf Reisen begegne ich mir selbst. Besonders wenn ich allein reise. Ich muss, ich darf alles allein machen, ich kann meinen Frust nicht bei jemandem abladen, ich bin allein für mich verantwortlich. Aber auch für meine Freude, für das Glück, an einem schönen Fleckchen Erde zu sein, etwas entdeckt zu haben.

Wenn ich im Ausland bin und eine fremde Sprache spreche, dann verändert das meine Wirkung auf die Menschen,

denen ich begegne. Mein norddeutscher Dialekt fällt weg, ich rede langsamer, weil ich nach Worten suche, ich mache keine oder andere Witze. Ich komme nicht so eloquent und intelligent rüber, wie ich vielleicht in meiner eigenen Sprache bin.

Deshalb will ich auch nicht zu Hause bleiben.

Das Leben ist entweder
ein wagemutiges
Abenteuer
oder nichts.

HELEN KELLER

Der Platz einer Frau
ist auf dem Gipfel

Wenn wir verreisen, verändern wir auch die Orte, an die wir fahren. Das ist mir im letzten Sommer sehr deutlich geworden. Im August, als alle Franzosen Urlaub machten, war ich in Sanary-sur-Mer, einem kleinen Ort am Mittelmeer östlich von Marseille. Er quoll über von Menschen, nirgendwo war ein Platz zu finden, weder auf dem Parkplatz noch im Restaurant, noch am Strand. Durch Zufall war ich sechs Wochen später wieder dort. Diesmal war es Anfang Oktober, und ich

erlebte ein ganz anderes Sanary. Die Straße am Hafen war für Autos gesperrt, an einem Montag mit Sturmwarnung war buchstäblich niemand mehr unterwegs. Fast alle Geschäfte waren geschlossen, nur an der Promenade bekam man etwas zu essen.

Der Hafen duckte sich unter einem pechschwarzen Himmel, aus dem es ununterbrochen donnerte, die bunten Markierungen der Fischerboote leuchteten unnatürlich. Ich blieb lange am Hafen sitzen und gab mich dieser Stimmung hin.

Mit einem Mal hatte ich Muße für die Dinge, die Sanary ausmachen: die Blumentöpfe an den Hauswänden, die Mosaike in

Form von Girlanden auf den Straßen, die
Boote, die – weil sie miteinander vertäut
waren – ein kleines Ballett ergaben und sich
im Sturm gleichzeitig nach rechts und links
wiegten. Dinge, die ich im Sommer vor
lauter Leuten nicht gesehen hatte. Details,
die mir entgangen waren. Und dann kommt
da wieder der alte Mann aus dem Haus und
bewegt sich auf die Terrasse des Cafés zu,
wo ich sitze. Unendlich langsam sind seine
Schritte, die er mit seiner Gehhilfe macht.
Schon bei meinem letzten Besuch hat er mich
an meinen Vater erinnert und Grimassen
mit einem kleinen Mädchen geschnitten,
als wäre er selbst noch ein Kind. Und jetzt

kommt er auf mich zu, mit diesem kind-
lichen Grinsen im Gesicht, und ich denke an
meinen Vater und fühle mich zu Hause.

Die Quintessenz des Reisens

Reisen und Schreiben ist das Paradies
für mich. Ich schreibe keine Reisebe-
richte, aber ich lasse mich von den Orten, an
die ich reise, für meine Romane inspirieren.
Ich gehe unbekannte Weg, sitze in Cafés,
versuche, das Besondere zu erspüren und es
meine Romanfiguren erleben zu lassen.
Denn Orte machen etwas mit Menschen.

Sie schaffen Erinnerungen und Erfahrungen und bilden Charaktere aus. Die Schauplätze meiner Reisen, das Besondere einer fremden Landschaft oder der Geschichte bilden den Hintergrund für meine Bücher.

»Der Aufbruch ist die Befreiung« (Annemarie Schwarzenbach). Reisen ist eine Begegnung mit uns selbst, und vielleicht ist das die Quintessenz des Reisens überhaupt. Wenn dem so ist, dann kommt es überhaupt nicht darauf an, wie weit man sich von zu Hause entfernt, sondern darauf, den ersten Schritt zu machen. Mikroabenteuer oder Mikroreisen sind neu und werden gerade durch die Pandemie und den Klimawandel

befördert. Mikroreisen beginnen vor der eigenen Haustür: einfach losgehen, irgendwo abbiegen, ohne zu wissen, wo man ankommt. Oder den Zug nehmen und so weit fahren, wie man für, sagen wir, zehn Euro kommt. Dort aussteigen und sich umsehen. Egal, ob es in die Natur geht, mit einem Zelt zum Übernachten oder ans andere Ende der Stadt. Es kommt darauf an, die eigene, nähere Umgebung zu erkunden. Ich kann mir lebhaft vorstellen, dass man sich in einer Nacht im Wald oder bei der Erkenntnis, dass man sich hoffnungslos in einem Industriegebiet verlaufen hat, ziemlich gut selbst kennenlernen kann.

Travelling Ladies

Als Odysseus auf Reisen ging, blieb Penelope brav zu Hause, wartete auf ihn und machte das Haus schön. Frauen gehörten immer ins Haus, während die Männer in die Welt hinauszogen – und in jedem Hafen eine andere hatten. Weil es gefährlich werden konnte, Geld kostete und weil Frauen zu Hause bei den Kindern bleiben mussten, waren die ersten Welt-reisenden Männer.

Wenn Frauen in früheren Zeiten unter-wegs waren, dann oft gezwungenermaßen. Weil sie ihrem Ehemann nach der Hochzeit

in sein Haus folgten oder weil sie in die Sklaverei verschleppt wurden. Aber irgendwann fingen die ersten Frauen an, zu ihrem Vergnügen zu reisen. Reisende Amazonen auf dem Weg zur Emanzipation fuhren nicht nur nach Italien oder in die Alpen, sie waren Weltreisende. Dadurch eröffneten sie sich Welten, die Welt überhaupt.

Am Anfang waren es nicht viele, und weil Frauen ihre Reisen nicht als Heldentaten in Büchern und Zeitschriften erzählten wie die Männer, sondern sie höchstens ihren Tagebüchern anvertrauten, dauerte es noch länger, bis auch andere Frauen davon erfuhren.

Heute ist es einfach, auch in die entlegensten Teile der Welt zu kommen. Flugzeuge und Gruppenreisen machen es möglich. Die allerersten Reisenden mussten noch zu Fuß gehen oder reiten, sich auf Flüssen oder Pilgerrouten bewegen. Sie wussten nicht, was sie an ihrem Ziel oder auf dem Weg dorthin erwartete.

Mehr Mut als
Kleider im Koffer

Die allererste dieser reisenden Frauen, von der ich erfuhr, war die Amerikanerin Fanny Osbourne, die 1867 allein mit ihrer kleinen Tochter von New York nach San Francisco reiste. Dazu muss man wissen, dass es damals noch nicht die transkontinentale Eisenbahn gab. Fanny fuhr also mit dem Schiff an Florida und Kuba vorbei, durch den moskitoverseuchten Panamakanal und den Pazifik wieder hinauf. Eine monatelange Strapaze, die sie fast das Leben kostete! Fanny Osbourne,

die später den Dichter Robert Louis
Stevenson heiraten und mit ihm jahrelang
die Südsee bereisen sollte, machte diese
beschwerliche Reise, um ihren ersten Mann
wiederzusehen, der in Kalifornien nach
Gold schürfte.

Die Schweizerin Ella Maillart fuhr
bereits mit Mitte Zwanzig nach Russland
und Zentralasien, im Gepäck hatte sie ihre
Katze. Dann folgten entlegene Regionen
in China, Kaschmir, Indien, Afghanistan.
Für sie war nur die innere Reise wichtig,
sie wollte die Kraft spüren, die in ihr lag.
1939 machte sie sich in einem Ford auf den
Weg von Genf nach Kabul. Auf dem Bei-

fahrersitz saß Annemarie Schwarzenbach, eine andere junge Reisebegeisterte. Auf dieser Reise ist ihr nichts passiert, sie starb nach einem Sturz mit dem Fahrrad in ihrer Heimat.

Reisen heißt einen Vertrag mit der Jugend schließen

Alexandra David-Neel, die diesen Satz geschrieben hat, war mindestens ebenso reisewütig. Sie reiste vierzehn Jahre lang durch Asien und wurde zum Lama

ernannt. 1923 verkleidete sie sich als Pilgerin und wanderte vier Monate lang durch den Himalaya nach Tibet. 1923 war sie die erste Europäerin in der verbotenen Stadt Lhasa. Damals war sie siebenundfünfzig.

Eine andere dieser frühen Reisenden war Isabelle Eberhardt, die die Sahara und das Atlasgebirge durchwanderte und sich dabei als Mann ausgab (ausgeben musste?). Oder Nelly Bly, die 1888 von einer Zeitung losgeschickt wurde, um als erste Frau eine Weltreise auf den Spuren von Jules Vernes Roman *In 80 Tagen um die Welt* zu unternehmen. Sie brauchte nur zweiundsiebzig Tage.

Warum nahmen diese Frauen Strapazen und Gefahren auf sich? Nicht alle überlebten ihre Reisen. Die Pilotin Amelia Earhart verschwand 1937 beim Versuch einer Weltumrundung mit dem Flugzeug vom Radar. Sie stand kurz vor ihrem vierzigsten Geburtstag. Was suchten diese Frauen? Ruhm, Abenteuer? War es Neugier, die sie antrieb? Echtes Interesse daran, unbekannte Welten zu sehen? Alexandra David-Neel sagte, dass es in erster Linie das unsinnige Verbot, Zentraltibet zu betreten, war, das sie anspornte.

Mit dem Alter
kommt die Weisheit,
mit dem Reisen
kommt das

Verständnis.

SANDRA LAKE

Allein reisen

Wenn Frauen allein verreisen, dann gibt es immer jemanden, der ihnen sagt, das sei zu gefährlich, eben weil sie Frauen seien. Es gibt aber auch Stimmen, die sagen, dass die Gefahr von Gewalterfahrung für eine Frau in der Ehe größer ist, als wenn sie allein reist. Für viele Frauen sind Reisen ein Schritt, um sich zu emanzipieren. Sie träumen von Reisen, wenn die Kinder erst mal aus dem Haus sind. Ich selbst bin mit einer Freundin nach Marokko gereist, als mein Sohn zwei Jahre alt war. Es gab Stimmen, die mich für egoistisch

hielten. Und dann auch noch Wandern im Atlasgebirge! Ich habe auf dieser Reise viel gelernt, bin an meine körperlichen Grenzen gegangen, hatte seit langer Zeit wieder das Gefühl, nur für mich selbst verantwortlich zu sein – und habe mich unglaublich ge-freut, wieder zu Hause zu sein.

Frauen reisen anders, sie bewegen sich im Allgemeinen anders in fremden Gesell-schaften, weniger, nun ja, herrisch. Reisen schafft Empathie. Wenn ich Nachrichten von einem Ort höre, an dem ich schon war, dann nehme ich deutlich mehr Anteil.

Es gibt wenige Dinge, die so persönlich sind wie Reisen. Jeder und jede reist anders.

Ich verreise sehr gern allein. Vielleicht ist das etwas, das Frauen besonders gern tun. Weil sie sich dann nicht um ihre Kinder kümmern oder Rücksichten nehmen müssen. Endlich sind sie es, die über ihren Tag bestimmen.

Manchmal führen mich Lesereisen an Orte, an die ich sonst nicht gekommen wäre. Ich reise oft mit dem Zug, ich kann mich dort wunderbar konzentrieren, nachdenken, lesen ... Auf unbekannten Strecken schaue ich aus dem Fenster. Ich mag es zu sehen, wie ich von A nach B komme, wie sich die Landschaft verändert. Deshalb habe ich mir vor ein paar Jahren angewöhnt, in Paris –

trotz des unvergleichlichen Dufts – nicht mehr Metro zu fahren, sondern den Bus zu nehmen oder gleich zu Fuß zu gehen.

Ich freue mich auf die unerwarteten Dinge, die ich aus dem Zugfenster entdecke: ein Kranichpaar auf einem abgemähten Maisfeld, das Weiß von riesigen Champignons auf einer Wiese, einen besonders schönen Garten.

Wenn ich dann an einem fremden Ort aussteige, bin ich neugierig. Ich suche nach einem schönen Restaurant für den Abend, nach einem Park mit einer Bank in der Sonne, wo ich sitzen und meine Lesung

SABLES D'OR LES PINS

PLAGE FLEURIE DE BRETAGNE (CÔTES DU NORD)
PARADIS DES SPORTS

noch einmal durchgehen kann. Ich bin ja allein unterwegs, deshalb rede ich mit den Menschen, denen ich begegne.

In den letzten Jahren hat sich mein Reiseverhalten geändert. Corona und der Klimawandel, vielleicht auch das beginnende Alter, haben dazu geführt, dass ich manchmal im Lande bleibe. Ich kann mich nicht zwischen der Nord- und der Ostsee entscheiden. Ich liebe inzwischen Radwanderungen am Meer oder an der Elbe. Mittlerweile bleibe ich auch gern an einem Ort, verbringe Nachmittage lesend oder dösend auf einer Terrasse oder am Strand.

Je mehr ich reiste,

desto mehr wurde mir klar,

dass Angst Fremde

aus Menschen macht,

die **Freunde**

sein sollten.

SHIRLEY MACLAINE

*Immer wieder
ein herrliches
Erlebnis*

NORDSEEHEILBAD
NORDERNEY

Die Lust zu reisen

Als die in diesem Buch abgebildeten Frauen reisten, war das Unterwegssein noch ziemlich exklusiv. Wir sehen Frauen an Stränden, in den Bergen, im Schnee, Ausschau haltend und spazieren gehend. Sie sehen glücklich aus, abenteuerlustig, sportlich, gelöst. Sie tragen schöne Kleider und haben große Koffer bei sich. Beim Blättern durch dieses Buch entsteht die Lust zu reisen. Heute müssen wir uns nicht mehr schön machen oder viel Geld ausgeben. Zum Glück können wir heute (fast) alle reisen.

Ich habe mich
auf meinen Reisen
emanzipiert.

LUCIE AZEMA

Wohin auch
immer du gehst,
es wird irgendwie
ein Teil von dir.

ANITA DESAI

Ich bin nicht mehr

dieselbe,

seit ich den Mond auf

der anderen Seite der Welt

habe leuchten sehen.

MARY ANNE RADMACHER

Life
TRAVEL NUMBER
CHINA
PALESTINE
PARIS
HAWAII
COLES PHILLIPS
1927

Mit Sicherheit ist es einer

der Vorteile des Reisens,

dass es nicht nur Vorurteile

gegen Fremde und ihre Sitten

abbaut – es intensiviert auch

währenddessen um ein Zehnfaches

die Wertschätzung des Guten

zuhause.

LUCY BIRD

Wir reisen, einige
von uns für immer,
um andere Orte,
andere Leben,
andere Seelen
zu suchen.

ANAIS NIN

Jeder Träumer weiß, dass
es vollkommen möglich ist,

Heimweh nach

einem Ort zu haben,
an dem man noch nie war;
wahrscheinlich noch stärker
als nach bekanntem Boden.

JUDITH THURMAN

MONACO
MONTE-CARLO

Le
TOURISME
MODERNE

Ich war noch
nicht überall,
aber es steht auf
meiner Liste.

SUSAN SONTAG

BILDNACHWEIS

Seite 2/3 Joaquín Sorolla (1863-1923): Den Augenblick einfangen, 1906 (Museo Sorolla, Madrid). Seite 4/5 Augustus Leopold Egg (1816-1863): Die Reisegefährtinnen, 1862 (Birmingham Museum and Art Gallery). Seite 6/7 Claude Monet (1840-1926): Spaziergang auf den Klippen von Pourville, 1882. Seite 8 Vor der Abfahrt (Bridgeman Images). Seite 10/11 Edmond-François Aman-Jean (1858-1936): Le Beau Voyage (Privatsammlung/Bridgeman Images). Seite 12 Karl Gussow (1843-1907): Der Klang des Meeres (Privatsammlung). Seite 14 Tom Purvis (1888-1959): Plakat *Canadian Pacific Happy Cruises*. Seite 16 Anna Nordgren (1847-1916): Dame in einem Zugfenster (Privatsammlung). Seite 19 Plakat *See the World!* Seite 20 Elizabeth Shippen-Green (1871-1954): Die Reise (Privatsammlung). Seite 23 Plakat *Côte d'Azur* der Trains Extra-Rapides, um 1910. Seite 24 Plakat Riviera, um 1925. Seite 26/27 Illustration *Woman Planning Flight Routes on Map*, 1952 (Bridgeman Images). Seite 28 Plakat Sainte-Croix, Frankreich. Seite 30/31 Plakat *Paignton*, England. Seite 32 Rachael Robinson-Elmer (1878-1919): Washington Arch at Winter. Seite 34/35 Rowland Wheelwright (1870-1955): Junge Frauen auf den Klippen (Privatsammlung). Seite 36/37 Madeleine Lemaire (1845-1928): Szene in einem Zug (Bridgeman Images). Seite 38 Plakat der Dover-Ostende-Linie für die Fahrt mit der *Princesse Elisabeth*. Seite 41 Plakat *Lugano*, Schweiz. Seite 42 Plakat *Hofgastein*, Österreich. Seite 45 Edward Penfield (1866-1925): Frau in einer Kutsche. Seite 46 Plakat *Marina di Massa*, Italien. Seite 48 Plakat *Korsika*, Frankreich. Seite 50 Joseph Edward Southall (1861-1944): Den Strand entlang, 1914. Seite 52 Pierre Bonnard (1867-1947): Junge Frauen mit Möwe. Seite 54 Plakat *Cattolica*, Italien. Seite 57 Julius LeBlanc Stewart (1855-1919): Sommer in den Alpen (Privatsammlung). Seite 59 Reginald Higgins (1877-1933): Plakat Harrogate. Seite 61 Alfred Stevens (1823-1906): Neuigkeiten aus der Ferne (Privatsammlung). Seite 62 James Tissot (1836-1902): Waiting at the Station (Privatsammlung). Seite 64/65 Edmond-François Aman-Jean: Die beiden Freundinnen (Privatsammlung).

ISBN 978-3-85179-501-1

Text von Tania Schlie
Bildauswahl von Johannes Thiele
Gestaltung und Satz von Christina Krutz
Druck von Longo, Bozen

www.thiele-verlag.com